CONSIDÉRATIONS

POLITIQUES

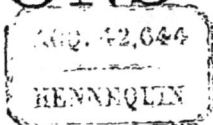

Sur la guerre actuelle de la France avec l'Angleterre, et moyens de paix entre ces deux puissances;

Par M. Alphonse GARY,

Ancien officier de l'état major général des armées françaises, ancien trésorier et secrétaire-général-adjoint du Sénat, et son garde des archives adjoint.

A PARIS,

SE TROUVE

Chez M. Desenne, libraire, au Palais du Tribunat.

BAUDOUIN, IMPRIMEUR DE L'INSTITUT.

THERMIDOR AN XII.

Épître dédicatoire.

~~~~~~~~~~

A son Altesse impériale le Prince Joseph BONAPARTE, Grand-Électeur de l'Empire, et Grand-Officier de la Légion d'honneur.

Monseigneur,

Le plus célèbre négociateur de l'ancienne monarchie, le cardinal d'Ossat, avoit fait de la bonne foi la base de toute sa politique. Comme lui vous avez donné, dans vos négociations, le précepte et l'exemple de cette vertu morale, à laquelle aussi le premier roi des Romains avoit élevé des temples et dressé des autels.

Je viens à mon tour lui porter le tribut de mon hommage ; et, pour lui mériter la faveur et l'indulgence du public, il me suffira sans doute de le présenter sous vos auspices. Ce patronage auguste ne peut qu'étayer ma foiblesse, et servira encore d'excuse à ma présomption, qui prend au reste sa source dans l'intérêt général dont je suis animé.

Si vous daignez, Monseigneur, jeter un coup d'œil sur ce foible essai, vous y verrez que je n'ai pas seulement sondé le mal, mais que j'ai aussi cherché les moyens d'y apporter le remède, et que j'ai eu autant égard à ce qui est juste qu'à ce qui peut être utile. C'est dans les protocoles qui ont précédé les traités de Lunéville et d'Amiens, que j'ai puisé ces principes, qui sont aussi les vôtres. Ils portent l'empreinte de la grandeur de votre caractère, et de toutes ces vertus brillantes qui, malgré vous, percent le voile de votre modestie, et y prennent un nouveau lustre. Je pourrois ici beaucoup ajouter à ces éloges, si je ne savois que l'esprit s'en dégoûte facilement, et que d'ailleurs s'il vous est agréable de les obtenir, vous aimez encore mieux les mériter.

Je vous prie, Monseigneur, d'honorer de vos bontés et l'ouvrage et l'auteur, et de considérer bien moins l'écrivain que les vérités utiles dont il ose se rendre l'organe.

J'ai l'honneur d'être avec le plus profond respect,

Monseigneur,

De votre Altesse impériale,
Le très-humble et très-obéissant serviteur,

ALPHONSE GARY.

CONSIDÉRATIONS

POLITIQUES

Sur la guerre actuelle de la France avec l'Angleterre, et moyens de paix entre ces deux puissances.

~~~~~~~~~~~~~~~

Ce fut une grande et utile institution de ce peuple célèbre de l'antiquité, qui plaça le droit des gens et la garantie des traités publics sous la garde d'un tribunal qu'il avoit érigé dans son sein pour juger les différends des nations. C'est à cette diète auguste que les Grecs se rendoient tous les ans, et d'un commun accord, pour discuter des intérêts obscurs ou équivoques, pour prévenir la violation des traités et des sermens, et soumettre à l'imposant arbitrage des amphictions les démêlés que leur humeur naturellement belliqueuse n'étoit que trop disposée à terminer par la voie des armes. C'est dans leurs temples, au milieu des sacrifices et des cérémonies religieuses, que ces arbitres des peuples rendoient leurs jugemens solennels; et c'est aussi en se soumettant avec respect à leur décision, que les Grecs ont plus d'une fois présenté le plus beau spectacle de la terre, celui du triomphe de la religion, de la justice et de l'humanité.

S'il arrivoit quelquefois que les lois et ses organes fussent méconnus, et que l'ambition ou la fureur des combats fissent des parjures, ils étoient sévèrement punis. Après avoir été exhérédés de la confédération commune, qui les repoussoit de son sein, ils avoient encore à soutenir tous les efforts qu'elle devoit faire pour réprimer leurs écarts; mais l'institution subsistant toujours dans toute sa force, ne cessoit d'être l'asile où venoient se réfugier la bonne foi, l'équité, la modération, et toutes les vertus libérales dont ces peuples ont laissé de si beaux exemples.

Sans doute nous avons à regretter que les nations modernes n'aient jamais songé à élever un pareil monument de sagesse et de grandeur. Tandis que d'un côté elles eussent souvent échappé depuis plusieurs siècles à la triste nécessité de la guerre, elles y eussent trouvé de l'autre l'écueil le plus salutaire contre l'ambition et l'amour des conquêtes.

Mais il est dans le cœur de tous les hommes un sentiment qui supplée à ce défaut de politique des anciens, qui est plus fort que les souverains, plus fort que les batailles, où tous les événemens sont jugés, qui censure également les peuples et les rois, et qui tôt ou tard leur donne de grandes et terribles leçons. C'est devant ce sentiment, devant cette opinion publique, que viennent se taire tous les intérêts, toutes les ambitions, toutes les passions. Semblable à la Providence, dont les décrets sont universels, le ressort de sa justice s'étend aussi dans tout l'univers; elle distribue avec la même impartialité la louange et le blâme; elle fait comparoître devant elle tous les potentats, et prépare, tantôt lentement, tantôt promptement, mais toujours à coup sûr, les causes qui amènent la prospérité ou la décadence des empires.

C'est devant ce tribunal éminent que je cite le gouvernement anglais, et que je vais examiner quelles sont les circonstances qui ont précédé la guerre actuelle, la cause apparente et les motifs secrets qui y ont donné lieu; heureux si à la suite de cet examen, et sans être accusé de témérité, je puis offrir à l'attention publique quelques moyens prompts et efficaces de terminer nos querelles, et d'arriver à une paix stable qui assure le présent et l'avenir!

PREMIÈRE SECTION.

IL n'est personne qui n'ait présent à son souvenir les préliminaires et le traité définitif de la paix d'Amiens, tous les sentimens d'espérance et de bonheur qu'ils réveillèrent dans tous les cœurs, tous ceux de reconnoissance, d'amour et de considération éternelle, que les peuples portèrent à l'envi aux négociateurs célèbres qui préparèrent et consommèrent ce grand ouvrage. Tout le monde se rappelle encore quels sont les événemens qui déterminèrent la rupture après une pacification si courte. Les pièces officielles

qui furent alors publiées mirent tous les esprits dans
la confidence de la perfidie, de la mauvaise foi, et de
tous les jeux de la politique du cabinet britannique,
comme dans celle de la modération, de la condescendance, de la longanimité du gouvernement français.
S'il restoit encore à desirer à cet égard quelques déve-
loppemens, il suffiroit de jeter les yeux sur cette
discussion également savante et nationale, qu'amenèrent ces tristes événemens dans ces deux corps illustres
qui préparent et discutent la loi, l'orgueil et la gloire
de la nation française, et où tous les talens sont
heureusement placés à côté de toutes les vertus.

Mais il est des circonstances politiques qui se sont
dérobées à l'attention, et qu'il importe de faire con-
noître, en France pour alimenter de plus en plus
les sentimens de l'indignation, en Angleterre pour
appeler la censure de l'opinion sur tous les actes de
son gouvernement dans ce grand procès suscité par
l'injustice et la mauvaise foi la plus insigne.

Sans doute que de part et d'autre on eût été moins
sensible à cette reprise des hostilités, si la paix, qui ne
venoit que d'être heureusement conclue, eût été plus
longue; si le calme d'une pacification prolongée eût
affoibli le souvenir des maux que nous avions souf-
ferts; si les inconvéniens de la guerre eussent été
moins présens à l'esprit; si le point d'honneur, si
susceptible de se piquer, eût été moins épargné; si
tout l'art et tous les ménagemens de la politique n'eussent pas tout fait pour calmer les passions.

Mais à peine nous respirions, à peine nous jouissions

des bienfaits et des douceurs de cette paix où tant d'intérêts avoient été à débrouiller et l'avoient été si habi-
lement, où tout avoit été fait pour le bonheur et la
gloire de la France, et pour l'avantage des deux pays;
à peine les portes du temple de Janus étoient fermées :
tout à coup un cri de guerre se fait entendre comme
un coup de foudre; les champs de bataille sont rou-
verts ; il faut encore promener les torches funéraires
de la discorde dans l'univers, et la terre est menacée
d'une longue et sanglante tragédie.

Sans doute ils auront été épuisés pour éviter une
rupture, tous ces moyens que donne la politique et
qu'inspire l'horrible aversion des combats? sans doute
la décision de cette querelle aura été confiée à l'arbitrage et à la médiation de quelque puissance qui aura
notre estime et notre amitié communes? cette déclaration de guerre aura été précédée de quelque propo-
sition juste, raisonnable, conforme à notre intérêt
réciproque, et il aura été proposé une convention explicative des articles qui font l'objet de notre différend?

Rien de tout cela; il n'existe pas encore le plus petit
office; aucune négociation n'est entamée, et le roi
d'Angleterre annonce par un message à toute l'Europe qu'il est à la veille de faire un appel au courage
de ses sujets, et que quelques différends, si faciles à
concilier, ne peuvent se décider que par la guerre.
Point d'arbitrage, point de médiation, point de convention explicative, aucun de ces égards ni de ces pro-
cédés que se doivent entr'elles les puissances civilisées :
dans 36 heures il faut accepter ou rejeter ses proposi-

tions; il faut qu'après avoir fixé ce délai , à l'exemple de cet officier anglais qui dans le siècle passé mettoit sa montre sur le tillac de son vaisseau amiral , et donnoit une heure au roi de Naples pour se décider ; sous peine de bombardement , il nous faut souscrire à ce cercle insultant de Popilius ; et comme si cette forme n'étoit pas déja un outrage direct à l'honneur du peuple français ; il faut que dans 36 heures on déroge à un traité , que dis-je ! on annulle , on renverse jusque dans ses fondemens un traité à peine souscrit , pour satisfaire l'ambition ou pour éteindre l'humeur inquiète et indocile des Anglais.

Ne diroit-on pas, à entendre ce langage, qu'ils sont encore victorieux et triomphans dans les plaines de Crecy et d'Azincourt ? Leur valeureux Malbourough est-il encore dans les champs de Hochstet et de Malplaquet ? Leurs commissaires sont-ils toujours à Dunkerque ? Où sont donc ces grands succès dont ils se prévalent pour nous enjoindre de décider de la paix ou de la guerre dans 36 heures ? Cet éclat éblouissant de gloire qui a toujours accompagné nos armées invincibles, a-t-il encore pâli devant leurs armées et leurs flottes ? Et faudra-t-il incliner devant eux nos têtes chargées de palmes immortelles, ou pour les appaiser, ou pour mendier une paix honteuse et déshonorante ? Qu'avions-nous donc fait pour mériter d'être traités avec une hauteur et un orgueil si déplacés ? et croyoient-ils que nous fussions descendus à ce degré d'avilissement, que de craindre une guerre juste et nécessaire ?

Mais peut-être que les articles en contestation étoient

obscurs, inintelligibles ou équivoques ? La négociation
proposée aura été très-embrouillée ? On se sera refusé
à l'évacuation des pays conquis ? Peut-être qu'avant
de trancher toute difficulté par l'épée , tout aura été
pratiqué pour la dénouer, et que pour montrer toute
disposition favorable , on aura consenti à la forma-
tion d'un congrès ; qu'il se sera établi des conférences
qui doivent précéder toute hostilité, et qui indiquent
du moins qu'on craint le terrible fléau de la guerre ?
Non , non , rien de tout cela ; nos articles sont
clairs, précis, circonstanciés. On remet en problème
une question déja décidée par un traité conclu , ratifié
dans toutes les formes , et devenu obligatoire pour
toutes les parties contractantes. Un *ultimatum* est proposé presque en même temps que la négociation s'en-
tame. Les propositions de la France sont rejetées ; on
n'y répond que par des contre-propositions inadmis-
sibles, et par des demandes que repoussent également
l'honneur et la dignité. A fur et à mesure que le gouvernement français montre l'intention de se prêter à
quelque arrangement, les prétentions se multiplient ;
et en ajoutant progressivement de nouvelles demandes
aux premières, on ne paroît avoir qu'un seul but ;
celui de la guerre. A ce ton de fierté et de hauteur, on
n'oppose que de la patience , de la modération et de
la condescendance ; et c'est par un manifeste qu'on y
répond. Nous évacuons toutes nos conquêtes, Naples ,
Tarente et les états du pape ; et, au mépris du traité
commun, l'Angleterre garde Malte et conserve ses
escadres dans la Méditerranée.

Il se présentoit une voie aussi naturelle que convenable pour éviter que la bonne harmonie ne fût troublée, dans la médiation des trois puissances garantes ; aucune ne s'est refusée encore de concourir à l'exécution de la garantie ; le temps ne leur est donné ni d'affermir et confirmer la bonne union et l'amitié entre les cours respectives, ni de trouver quelque palliatif qui puisse concilier les esprits : tout est méconnu, tout est négligé ; et lorsque la France réclame la religion des traités, l'Angleterre s'empresse de pousser le cri de guerre, et se présente au combat comme dans un accès de frénésie ou de fièvre chaude.

Qu'auront donc à répondre à ce grand acte d'accusation tous ces hommes d'état, tous ces publicistes dont la Grande-Bretagne s'honore ? Et toutes leurs harangues parlementaires pourront-elles valablement détruire les pénibles impressions qui résultent contre elle aux yeux de l'Europe de ce défaut de conduite et de procédé ? Et chez quel peuple faut-il remarquer ce déplorable délire de l'orgueil et de la foi violée ? Chez un peuple dont la charte constitutionnelle paroît si sage dans tous ses élémens, dont les institutions fortes et savamment conçues présentent l'heureuse combinaison des droits du peuple et du monarque, et devroient, ce semble, assurer le règne de la justice et de la saine politique.

J'ai parlé des trois puissances garantes dont la médiation auroit pu prévenir l'éclat de notre querelle. Mais ce ne sont pas seulement ces puissances qui eussent interposé leurs bons offices ; c'est l'Europe entière qui, lasse de la guerre, et dont la politique n'eût pas été

oisive dans ces circonstances, se fût présentée dans
cet honorable ministère de paix ; car elle étoit univer-
sellement intéressée à son maintien et à la bonne harmonie de tous les peuples. Ce n'est ni pour Rome ni
pour Carthage qu'elle se fût prononcée ; la paix étant
un besoin général, elle auroit cherché à ajuster les
deux partis, et nul doute que le résultat n'eût été heureux. Elle n'eût pas donné une interprétation arbitraire
et conditionnelle au traité qui nous divise, et dont
l'esprit et la lettre sont si clairs et si impératifs ; elle
se fût écriée avec transport !

Si jusqu'ici tout s'est réglé par les intérêts variables
des convenances, que désormais toutes les passions
cèdent à l'intérêt général de la paix ; plus d'intrigues,
plus de cabales, plus de finesses et de petites ruses ;
plus de ces manèges honteux où l'on trafique des
alliances et de secours ; plus de ligue offensive ou dé-
fensive ; plus de neutralité armée. Le temps est passé
où l'avarice se laisse tenter, ou avec des moyens de
corruption on achète des ministres et des maîtresses,
où l'on soulève des mécontens et des factieux. Le traité
d'Amiens déja signé et scellé par la volonté des parties
contractantes, doit être de nouveau sanctionné par la
grande raison politique des nations, par la justice dont
la balance est égale pour tous. Tel eût été le langage
que l'Europe eût fait entendre dans les conférences de
la médiation, en se déclarant solidaire de la paix.

DEUXIÈME SECTION.

Si les circonstances qui ont précédé la rupture se présentent sous un aspect si défavorable pour l'Angleterre, la cause qu'elle y donne, ou le prétexte dont elle la colore, n'en est pas plus à son avantage.

Il suffit en effet de lire avec attention les stipulations insérées avec le plus grand soin et la plus scrupuleuse exactitude dans tous les paragraphes de l'article dix du traité d'Amiens, pour se convaincre de plus en plus de l'esprit de chicane et de mauvaise foi qui l'a dirigée dans les discussions auxquelles il a donné lieu.

Mais bientôt on n'argumente plus de quelques mots qu'on torture pour en extraire de l'ambiguité : on annonce formellement ses intentions; et c'est Malte dont on veut tantôt la possession pour dix ans, et tantôt la souveraineté perpétuelle, mais toujours l'infraction la plus formelle au traité; et c'est encore pour l'éluder par des voies obliques qu'il est question de cet atôme de Lampedouze, qui ne nous a jamais appartenu, et que conséquemment la France ne peut ni céder ni consentir en faveur de personne. D'autres avant moi ont déja discuté et combattu ces vaines prétentions avec le double avantage de la logique et du savoir. Je ne veux donc que généraliser mes observations, bien moins pour justifier aux yeux de l'Europe la résistance que la France a dû apporter à des prétentions si extraordinaires, que pour faire rougir, s'il

est possible, le cabinet britannique de cette exubé-
rance de perfidie et d'ambition.

C'est donc Malte qui, au dire des Anglais, est le
véritable sujet de la querelle. L'Angleterre la veut en
toute propriété ; la France s'oppose tout à la fois et
à cette usurpation et à cette violation directe du traité
d'Amiens.

Mais pourquoi donc l'Angleterre s'est-elle fait tout
d'un coup des prétentions sur ce rocher de Malte,
qui ne lui a jamais appartenu, qui ne nous appartient pas non plus, et dont la possession momentanée
a pu être utile à tous les deux dans la dernière guerre
pour le succès de nos opérations? D'où lui vient ce
titre nouveau qu'elle se fait sur cette position militaire,
dont la cession ne peut être consentie ni par l'intérêt
de la sublime Porte, ni par celui de toutes les autres
puissances maritimes? La guerre finie, la nécessité
de le rendre à l'Ordre de Saint-Jean étoit démontrée.
Les articles 4 des préliminaires et 10 du traité définitif lui font une loi de l'évacuer, et ne peuvent lui
laisser aucune excuse pour la soustraire à cette obli-
gation : et cependant, après un traité formel, lon-
guement discuté et approfondi dans tous ses points,
elle veut garder ce dépôt qu'elle s'est engagée solennellement à restituer, et, pour le garder, elle nous déclare
la guerre.

Quoi ! ne lui suffit-il donc pas de la tête de la Méditerranée, de ce Gibraltar que la paix d'Utrecht
n'eût jamais dû lui céder ! Elle prétend encore en
avoir le cœur, et c'est l'empire de la Méditerranée

qu'elle veut joindre à celui de l'Océan. Encore si c'étoit pour le bien commun des nations ! pour châtier et réprimer les forbans africains ! Mais, sans doute, pour augmenter le nombre des états barbaresques, et disputer et entrer en rivalité avec eux des rapines de mer ! ou, mieux encore, pour les anéantir ces barbares, et se charger seule, aux yeux des peuples et de la postérité, de l'odieux brigandage qu'ils exercent sur toutes les nations maritimes !

Mais en vertu de quel titre la France pourroit-elle lui céder ce rocher, qu'avant elle ce fameux Soliman avoit aussi convoité avec toutes les forces de l'Orient, mais dont la neutralité a toujours été voulue et consacrée par la politique commerciale des Européens, parce qu'elle est une barrière utile et nécessaire à toutes les entreprises des pirates barbaresques ? Nous n'avons jamais eu la propriété de cette île; elle n'a jamais été une de nos colonies; et, pour pouvoir en disposer, faudroit-il du moins en avoir la propriété. Ce n'est pas sans doute la possession d'un instant que le droit de conquête nous a donné, qui fait titre; car il est reconnu de tout temps que force n'est pas loi. Nous ne pouvons donc pas plus le céder qu'il n'eût été au pouvoir des Anglais de le faire, si nous eussions élevé une prétention aussi déplacée. On ne peut céder que ce qui nous appartient, et jamais ce qui ne nous appartient pas, et encore moins ce qui appartient à un tiers; c'est la logique des enfans comme celle des politiques.

D'ailleurs, indépendamment de la honte qui résulteroit pour nous de la violation du traité d'Amiens, nous ne pourrions y consentir qu'en faisant supporter par l'Europe maritime le poids des sacrifices exigés par la paix, et livrer à l'Angleterre tout le commerce du Levant ; autant vaudroit-il consentir à voir placer des commissaires à Marseille, à Livourne, à Venise et à Constantinople.

En supposant donc que nous eussions voulu acheter une paix flétrissante par de lâches complaisances, que nous eussions renoncé tout d'un coup à notre dignité et à l'intérêt de nos manufactures dans le Levant, les autres puissances, et notamment le Divan, seroient-elles donc restées muettes, et auroient-elles consenti que le bassin de la Méditerranée fût devenu le patrimoine des Anglais, comme l'Océan est déja devenu son domaine? Certes il eût été de leur intérêt, et elles n'y auroient pas manqué, de se liguer et former une croisade maritime pour rétablir, avec l'honneur de leur pavillon, l'équilibre de mer dans la Méditerranée, en attendant qu'elles puissent défendre et soutenir la liberté de toutes les autres mers dont ils ont usurpé l'investiture, et dont la jouissance est acquise à la communauté par toutes les règles du droit naturel et politique.

Il est donc bien évident que, dans notre intérêt et dans celui des puissances qui commercent dans le Levant, la France ne peut non seulement céder cette clef de l'Egypte et de l'orient d'Europe, ni même consentir à la cession qui pourroit en être faite à l'Angleterre.

Le voilà, ce crime ; c'est là seulement qu'est notre

2 *

crime envers les Anglais. Ils ne peuvent nous par-
donner de tenir la main à l'exécution d'un traité qu'ils
ont eux-mêmes consenti, et encore moins de ce que
nous ne pouvons nous départir de notre politique sur
Malte. C'est pour l'expiation de ce crime qu'ils nous
déclarent la guerre, et qu'ils présentent le cartel des
batailles.

La guerre! Eh quoi! ses inconvéniens ne sont-ils
pas pour eux comme pour nous? n'ont-ils aussi rien
à perdre, et ses chances ne peuvent-elles pas leur
être contraires?

La guerre! Mais ils n'ignorent pas sans doute que
nous savons la faire où il faut la faire, et que nous
trouvons, quand il le faut, la saison commode pour
la faire. Ils savent encore que la Normandie seule,
et sans l'appui de tout autre peuple, sans marine, et
avec le secours de quelques frêles bateaux, subjugua
autrefois leur pays. Et nous aussi, nous ne voulons
plus de guerre maritime à la manière de 1741 ou
1756, et encore moins les pacifications qui suivirent
les époques désastreuses de notre marine royale.

La guerre! Eh bien, nous l'acceptons; mais certes
ce ne sera ni dans leur péninsule de l'Inde, ni dans
l'archipel américain ou de la Méditerranée, ni dans
les eaux de l'Océan que nous irons balancer leur fortune et la supériorité de leurs forces de mer. Ce n'est
pas là qu'est la paix; elle est dans Londres même,
et c'est là que nous prétendons aller la conquérir,
sur ces terres que César et Guillaume-le-Conquérant
surent bien aborder aussi, et qui ne sont inabordables

que pour les peuples ou foibles, ou irrésolus, ou lâches. Dans cette affaire, tous leurs bills de défense seront impuissans, et les flottes orgueilleuses des Cornwalis et des Nelson inutiles. C'est sur leur fier Capitole, sur la tour de Londres et dans les salles même de Westminster que nous saurons aller proclamer la liberté des mers. Il ne leur restera d'autre ressource que de s'ensevelir courageusement sous leurs ruines ou de se précipiter sur leurs vaisseaux, non pour reconquérir leur pays, mais pour aller, comme la flotte d'Énée, transporter leur or, leur ambition ou leurs projets sur des plages lointaines : trop heureux s'ils trouvent encore une reine de Carthage pour les accueillir dans leur humiliation et leur infortune ! Alors s'écroulera leur ancienne et favorite maxime, que celui qui est maître de la mer l'est aussi de la terre ; alors l'humanité sera vengée ; et l'Europe satisfaite, appelée au bienfait d'un commerce libre et général, s'empressera de voter des remerciemens solennels au héros de la guerre et de la paix.

Mais puisque les Anglais veulent la guerre et qu'il faut absolument vider nos querelles par les armes, pourquoi nous la font-ils à la manière des Marates ? Si la guerre rompt tous les traités, elle ne détruit pas du moins le droit des gens ; pourquoi la proclament-ils par des actes d'hostilité, et préalablement à toute déclaration ? Le droit des gens n'autorise-t-il pas d'autres moyens de la déclarer ? Et cette jurisprudence sacrée, doit-elle être chez les Anglais différente de celle des autres peuples civilisés ?

Ils auroient du moins pu éviter le reproche de parjure et trouver dans leur histoire politique plus d'un exemple, où, sans paroître ouvertement violateurs des traités, ils ont su renouveler les horreurs de la guerre. Tout le monde sait qu'une ambition fougueuse fait toujours trouver sous la main quelque sujet de division qu'elle fait valoir dans les circonstances.

Lorsqu'en 1755 ils nous déclarèrent une guerre aussi injuste que celle-ci, pour quelques terres stériles, voisines de l'Acadie et du Canada, ils surent profiter de quelques négligences des négociateurs qui signèrent la paix d'Utrecht. Alors comme aujourd'hui ils commirent des hostilités sans déclaration préalable, et portèrent un coup mortel à notre commerce. Mais du moins une frivole chicane de praticien, dont leur ambition s'empara avec tant d'empressement, pouvoit légitimer en quelque sorte leur humeur belliqueuse; et ce fut une fatalité que la France eut à subir par une guerre la peine d'une omission effectivement très-imprudente dans tout traité. C'étoit pour avoir omis de spécifier les limites des pays qui avoient été concédés, qu'il fallut en appeler aux armes pour s'entendre. Alors du moins ils ont pu abuser de ce défaut de négociation, et déguiser sous le voile de l'équité les raisonnemens de l'injustice et de l'ambition. Mais aujourd'hui les stipulations du traité d'Amiens portent avec elles le cachet de la précision et de la clarté; et il est impossible, à moins d'être dominé par le démon des combats, de voir, soit dans son esprit,

soit dans sa lettre, quelque doute, quelque ambiguité ou quelque équivoque qui puisse autoriser la
reprise des hostilités.

Ici viennent se placer naturellement des observations importantes qui n'ont pas échappé aux bons
esprits. C'est une des plus grandes erreurs de la politique anglaise, d'avoir vu dans la France de nos
jours les mêmes élémens qui composoient la France
de Charles VI ou de Louis XV. Les Anglais n'ont
pas voulu voir que l'influence qu'ils exerçoient parmi
nous à ces deux époques de notre histoire moderne,
n'étoit plus de mise aujourd'hui ; que le territoire
qu'ils occupoient en France du temps du premier, et
l'esprit de corruption et de vénalité qui gouvernoit
le second, que tout cela n'étoit plus ; que la faction
anglaise qui avoit alors son poids et sa balance dans
le gouvernement français, n'existoit et ne pouvoit
plus exister. Ils n'ont pas assez remarqué que la
France dégagée de tout parti intérieur et de toute
influence étrangère, n'avoit plus qu'une seule volonté,
qu'un seul intérêt, celui de la paix ; que guidée par
le chef illustre qui est à la tête de son gouvernement,
elle étoit également capable de la maintenir et de faire
la guerre.

Il n'ont pas assez observé que le peuple français,
à qui des tourmentes révolutionnaires ont mis les armes
à la main, s'étoit constitué essentiellement un peuple
guerrier et étoit devenu une société toute militaire ;
qu'il étoit digne des plus grandes choses, sous la

conduite du grand général qu'il idolâtre, qui toujours le mène à la victoire, et avec lequel il peut se livrer aux entreprises les plus difficiles.

Ils se sont trompés sur notre situation militaire et financière.

Quant à notre état militaire, rien de brillant sous le soleil comme cette armée française dont le nom à jamais illustre réveille toutes les idées de gloire, de grandeur, de générosité. Egalement célèbre par son aimable urbanité, et par le triple ascendant de la bravoure, de l'honneur et de la discipline, cette immense pépinière de héros servira éternellement de modèle à tous les peuples guerriers.

Quant à nos finances, jamais le bilan de nos affaires n'a été plus satisfaisant. Ce n'est plus par les emprunts, par les anticipations de la vieille monarchie, ni par les réquisitions forcées de la République, par aucune de ces ressources honteuses qui dévoroient également le présent et l'avenir, et que savoient si bien employer notre ancien génie fiscal, que nos dépenses de guerre sont assurées. Le produit seul de nos contributions sagement réparties suffit et doit suffire à cette pénible lutte à laquelle nous sommes appelés; en sorte que c'est par le grand ensemble de tous les esprits, de tous les cœurs, de tous les bras et de tous les trésors, dirigés par les talens éminens de l'empereur des Français, que nous marchons à l'accomplissement de nos hautes destinées. Que l'Angleterre compare ses armées de réserve, ses milices d'enfans et le désordre monstrueux de ses finances à ce bel état des choses, et qu'elle prononce.

Les Anglais n'ont pas su lire dans l'avenir. Il ont cru que la nation française feroit toujours la guerre sur des vaisseaux, que les vaisseaux feroient partie principale; tandis que nos flottes, qui jadis étoient nos grands moyens de guerre, ne sont plus aujourd'hui que moyens secondaires ou auxiliaires; que c'est une guerre d'invasion à laquelle ils s'exposoient, et non une guerre d'eau : c'est cependant ce qu'ils auroient pu prévoir en songeant à se mesurer avec un peuple tout régénéré et qui sait transiger sur tout, excepté sur l'honneur.

Ils n'ont pas assez appréhendé que les torts immenses que fait la guerre à notre commerce étoient réciproques, et qu'ils tournoient à l'avantage de quelques puissances neutres qui en profitent pour étendre et multiplier leurs relations à nos dépens communs.

Vainement ils auroient espéré sur les alliances offensives ou défensives du continent, ou sur les Cévennes, et sur la Vendée de l'intérieur. La paix étant devenue un besoin général, que pouvoient-ils espérer de trouver encore des stipendiaires, ou pour se mêler dans les rangs de leur milice, ou pour nous attaquer sur nos derrières, lorsque nous exécuterons sur leurs côtes la grande expédition qui se prépare, et qui, selon toutes les règles de la guerre, est infaillible si le ciel nous accorde un bon vent?

Ils ont cru que ces invasions dont nous les avons

menacés bien des fois, n'étoient que des jeux d'enfant；
et les comparant à celles qui ont été exécutées sous les
règnes de Louis XIV et de Louis XV, ils se sont flattés
que celles de l'avenir auroient le même résultat. Mais,
à ces deux époques, les descentes effectuées ne furent
que des diversions que la France hasardoit pour remettre la couronne sur la tête des Stuarts, assez indif-
férente d'ailleurs sur le succès. Ici, au contraire, c'est
l'élan entier de la nation dégagée de toute guerre avec
ses voisins ; c'est le vœu du peuple, celui de l'armée,
celui du gouvernement. Toutes les idées sont fondues
dans une seule pensée, celle de l'invasion de leur
pays, bien moins au reste pour le conquérir que pour
commander la paix et assurer à jamais la liberté des mers.

En commençant cette guerre, ils ont dû se flatter
qu'elle réussiroit ; et effectivement il est bien plus
agréable de caresser cette pensée que de tourmenter
son imagination à calculer tous les accidens qui peuvent en être la suite. Mais, avec ce déplorable jeu de
science et de hasard, on est un jour dans l'ivresse de
la joie, et le second dans toutes les angoisses des revers. Que de peuples qui ont entrepris des guerres, tout
en se flattant des plus grands avantages, n'y ont
trouvé que leur ruine et leur opprobre !

Cet état de prospérité maritime qui accompagna
les belles années du règne de Louis XIV est-il donc
perdu sans retour pour la France ? Sans doute ses
cent vaisseaux du premier rang, ses Colbert et ses
Duquesne, ses Duguay-Trouin et ses Jean-Bart, tout

a disparu. Mais l'esprit qui les anima est encore
le même parmi nous ; ces élémens de grandeur sont
toujours dans le génie français ; il ne faut qu'un grand
homme pour les féconder et les mettre en activité ; et
alors, si l'Angleterre veut nous forcer à nous rap-
peler notre ancienne gloire navale, elle pourroit bien
aussi rencontrer dans nos flottes l'écueil de sa haute
fortune, qu'elle ne doit qu'à notre propre inaction.
Car enfin les Romains apprirent des Carthaginois l'art
de vaincre sur mer, et bientôt surpassèrent leurs ri-
vaux. Pierre-le-Grand, si souvent battu par Charles XII,
se rendit digne de battre son ennemi, et fut à son tour
vainqueur à Pultava. Il apprit aussi de son superbe rival
l'art de vaincre, et dans cette journée célèbre prépara les
désastres qui amenèrent la catastrophe de la Suède.
Ce mémorable exemple de tant d'infortunes à côté
de tant de gloire doit être une leçon éternelle à tous les
souverains qui, après avoir humilié leur ennemi, s'en
prévalent pour l'humilier encore, et comptent toujours sur ses défaites et sur ses revers. Et nous aussi,
si j'en accepte l'heureux augure, bientôt nous saurons
venger, non loin des bords de cette impérieuse Ta-
mise, les désastres d'Ouessant et d'Aboukir, et peut-
être dans un seul jour faire perdre aux Anglais leurs
succès de plusieurs siècles.

Il est donc bien démontré que la cause de la guerre
actuelle est dépourvue de tout motif raisonnable, et
que l'intérêt bien combiné de l'Angleterre eût dû lui
faire une loi de respecter les traités et d'abjurer toute
idée d'une ambition qui peut lui devenir si funeste.

Mais s'il n'y a ni cause réelle, ni intérêt à déclarer la guerre, il faut aller fouiller dans les archives de ses secrets, et examiner si ces motifs étoient si déterminans pour engager et soutenir la querelle.

TROISIÈME SECTION.

En portant son attention sur les pièces officielles qui ont été publiées, il est facile de se convaincre que les motifs secrets qui ont rallumé si précipitamment le feu de la guerre, se trouvent dans l'espoir insensé de renverser le gouvernement qui fait notre félicité, d'anéantir notre commerce, et de déconcerter une prétendue ambition de la France. On y parle encore de satisfaction, de compensation, d'équilibre, de contre-poids.

Les voilà donc, ces folles espérances, ces grands griefs qui ont ramené la lutte sanglante des combats. Quant à notre gouvernement, que l'ennemi se tienne pour bien convaincu que l'empire français n'a qu'un seul sentiment et un intérêt unanime, ceux de maintenir et de conserver le Gouvernement glorieux qui préside à ses grandes destinées; et l'on verra plutôt se dessécher dans ses abîmes profonds le canal qui nous sépare de ses côtes, avant qu'il soit porté la moindre atteinte à cette nouvelle pragmatique sanction que nous avons fondée, et à toutes les institutions que nous avons consenties pour notre bonheur commun.

Son entreprise seroit donc évidemment au-dessus de
ses forces. Ce seroit, en outre, un attentat contre le
droit des gens et l'indépendance des nations. Le peuple
français se seroit-il donc soumis à son arbitrage? Et
d'ailleurs, sans s'avilir lui-même, pourroit-il disposer
d'un peuple sans son consentement et le donner à un
maître comme le troupeau d'un bercail? Peut-il s'éri-
ger en juge dans un différend qui ne peut être décidé
que par nos lois? La loi politique de nos ancêtres
avoit établi un ordre de succession dans la famille des
Bourbons; cet arrangement a été reconnu destructeur
du corps politique pour lequel il avoit été fait, et nous
l'avons renversé. Le principe est le même de nos jours;
mais l'application en est différente, et, à la place de
l'ancienne dynastie, nous appelons au trône la famille
des Napoléon, qui nous promet le beau siècle d'Auguste.
La loi salique et la loi moderne dérivant du même
principe, nous avons eu le droit de faire aujourd'hui
ce que nos aïeux avoient fait, et les deux lois sont
également légitimes. Les Anglais ont eux-mêmes usé
de ce droit immuable, en substituant les maisons
d'Orange et d'Hanovre à celle des Stuarts, dans le
gouvernement de leur pays. S'ils veulent qu'on res-
pecte la forme de leur gouvernement, qu'ils commencent donc par respecter celle des autres peuples, ou
plutôt, qu'ils soient conséquens avec eux-mêmes. En
deux mots, la loi peut exclure les uns et appeler les
autres, ce sont les principes de tous les temps et de
tous les lieux; et quoique souvent ils aient été contestés,
et décidés par l'épée, il n'en est pas moins de toute

vérité rigoureuse qu'ils ont toujours été consacrés par le droit naturel et la simple raison.

Graces immortelles soient ici rendues à cette belle assemblée de sages, que nos chartes ont placés au faîte de nos institutions, où la victoire se plaît à compter ses plus chers favoris, la diplomatie ses plus vertueux organes, l'administration publique ses plus éclairés citoyens, et le peuple ses plus illustres défenseurs ! Graces éternelles leur soient rendues pour avoir consacré ces principes, ces droits imprescriptibles des nations, et s'être montrés dans cette circonstance, comme dans tant d'autres, les dignes interprètes de ce même peuple qui, jadis dans les champs de Mars et sur le pavois, proclamoit ses souverains!

Si l'espoir de détruire notre gouvernement est aussi insensé que mal fondé, il faut convenir que le système de paralyser notre commerce extérieur n'a été malheureusement que trop bien combiné. Il est effectivement vrai que la guerre lui a donné un grand coup de massue ; mais le contre-coup a été aussi frapper nos ennemis, et le mal est réciproque ; mais cette guerre ne finira pas, avant qu'il ne soit assuré le sort de cette importante branche des richesses des nations. Si parmi nous le commerce languit et sommeille depuis long-temps, nous conservons l'espoir bien fondé qu'il reprendra tôt ou tard l'éclat et la splendeur que lui promettent la situation topographique de notre sol et notre industrie territoriale.

Depuis que l'argent est devenu l'ame de l'Europe, il seroit à desirer qu'il fût réparti également et proportionnellement sur toutes les contrées; que, pour cela, tous les peuples fussent appelés à un commerce général tant sur terre que sur mer; que tous les ports, toutes les rades fussent ouverts à tout le monde; que les monopoles et les régimes de prohibitions et des réserves fussent anéantis; que d'un commun accord toutes les douanes, toutes les amirautés fussent supprimées, et que tout ce qui entreroit et sortiroit fût libre dans tous les pays. Seulement, et par des lois domestiques, et pour ne pas compromettre les besoins de l'intérieur, les souverains auroient à régler tout ce qui est susceptible d'importation ou d'exportation, et les quantités d'objets soumis à ces mouvemens.

Laisser faire et laisser passer, telle devroit donc être la devise générale du commerce. C'est alors que l'univers entier deviendroit, pour ainsi dire, un vaste comptoir où viendroient s'asseoir fraternellement tous les peuples commerçans, et où ils tiendroient leur grand livre de raison. Alors plus de contrebande ni de commerce interlope, funestes effets des prohibitions et des réserves; alors tous les traités de commerce inutiles; tous les motifs de guerre maritime détruits, les communications et les échanges plus aisés. Alors il importeroit fort peu qui auroit le plus de vaisseaux et de moyens de guerre de mer; et c'est ainsi que le dernier pas seroit fait vers la civilisation universelle.

Tel est le vœu que forment depuis long-temps l'humanité et la politique : mais ce vœu est loin d'être partagé par l'Angleterre; et de tous les peuples qui suivroient ce grand exemple de fraternité généreuse, les

Anglais seroient sans doute les derniers qui l'adopte-
roient. Ils veulent non seulement s'enrichir à tout
prix, mais encore appauvrir toute l'Europe et la rendre
honteuse tributaire de son industrie et de son commerce. Ils voudroient aspirer tous les capitaux, et se
faire une immense trésorerie des trésors particuliers
des peuples. Il faudroit, pour les satisfaire, que l'univers
cessât de fabriquer, de cultiver et de commercer, que
tous les Européens renonçassent à leur industrie pour
aller acheter chèrement dans leurs marchés tous les
objets de leur consommation. Que ne demandent-ils
aussi que leurs places de commerce soient les seuls
marchés de l'Europe ; que tous les commerçans des
viennent leurs simples commissionnaires ; que nou-
ne puissions avoir qu'un nombre déterminé de navires
marchands ; que nos constructeurs et nos matelots
aillent porter leur industrie dans leurs ports et dans
leurs rivières !

. Mais cette balance du commerce qui leur est si favorable, et qu'ils doivent à la prodigieuse industrie de
leurs fabricans et de leurs armateurs, est-elle donc
un bien si précieux, que, pour la maintenir et l'augmenter, il faille combattre les peuples qui se refusent
aux calculs de leur ambition pécuniaire, et que ceux-ci
soient constamment armés pour se défendre et soutenir
éternellement les droits naturels qu'a tout peuple de
commercer comme il l'entend et avec qui il l'entend?

. Personne n'ignore que les richesses sont nécessaires
à la sûreté des nations modernes, et que le commerce
leur fournit une source abondante où elles puisent les

revenus que commandent leurs besoins. Mais, pour ce qui concerne l'Angleterre, qu'on prenne garde qu'elle n'auroit plus besoin de toutes ses richesses pompées dans son commerce, dès le moment qu'elle consentiroit à ne plus faire la guerre. Car c'est un cercle vicieux dans lequel elle se place, et où elle joue son existence politique. Il lui faut des richesses pour faire la guerre, et elle fait la guerre pour obtenir ces mêmes richesses ; en sorte que son ambition ne doit avoir un terme que lorsqu'il n'y aura plus rien à gagner sur le globe. Mais en bonne logique comme en bonne politique, il est impossible de se conduire avec plus d'imprudence et plus de témérité envers tous les peuples commerçans qui, fatigués enfin de tant d'arrogance, doivent nécessairement se réunir pour faire cesser cet état de choses. Rien ne conduit plus à un système de guerre permanente qu'un pareil raisonnement ; et alors quand viendra le temps où l'Angleterre voudra bien consentir à vivre tranquille ? N'est-il donc aucun orateur, dans son parlement, qui dédaigne de flatter ses passions et ses erreurs, et qui ne puisse s'élever avec force contre la fausseté de cet emploi de sa politique ?

Si donc les Anglais, en faisant tant d'efforts pour ruiner notre commerce, préparent lentement la décadence du leur, il est évident qu'ils se prennent eux-mêmes dans les piéges qu'ils nous dressent, et qu'ils arrivent à sa destruction, lorsque, pour notre compte, nous sommes loin de craindre ce triste résultat.

Et c'est dans l'ivresse de leur orgueil qu'ils vien-

3

nent nous parler encore d'équivalent, de compensation, de satisfaction, d'équilibre! Eh quoi! ce peuple dont les frontières n'ont de bornes que l'univers; lui qui d'un pôle à l'autre laisse des traces de ses conquêtes et de son industrie mercantile, il parleroit d'équivalent, et il vanteroit encore son désinteressement et sa modération! Certainement, si quelque équivalent étoit dû en bonne justice, ce ne seroit pas de son sort dont il faudroit s'occuper, mais bien de celui de la France et de l'Europe qu'il fatigue de ses flottes et de son commerce. S'il étoit une satisfaction, ce ne seroit pas pour lui qui, contre le droit des gens et avant la déclaration de guerre, a exercé la honte de ses pirateries sur le commerce français, lorsque notre gouvernement étoit encore au dépourvu, et se faisoit une gloire d'y être placé. C'est lui qui le premier a provoqué la rupture au mépris d'un traité, qui nous a attaqués lorsque nous étions encore sans armes, et il parleroit de satisfaction qui seroit due à son honneur et à sa dignité! Faudra-t-il aussi envoyer une ambassade jusque dans son palais de Windsor, pour y solliciter sa bienveillance et son amitié? Faudra-t-il, pour le satisfaire, consentir à l'alternative, ou de voir brûler nos vaisseaux et combler nos ports, ou de voir placer des garnisons anglaises dans Brest, Rochefort, Toulon, et tous nos grands établissemens de marine?

Que parlent-ils d'équilibre? Mais d'où leur vient aujourd'hui cette grande sollicitude pour le maintien de cette fameuse conception préparée par Richelieu, consommée par Mazarin, et sanctionnée par ce vieux traité de Westphalie, qui est déja si loin de nous?

Que n'étoient-ils aussi inquiets lorsque les trois grandes puissances du Nord signoient en 1795 ce traité de partage de cette Pologne, dévorée par l'anarchie royale et féodale, dont les tristes débris ont ajouté un grand territoire et une vaste population à ces mêmes puissances, qui, en commun, se sont fait raison de ses provinces? que ne faisoient-ils ou leurs réclamations ou leurs protestations lors du traité d'Aix-la-Chapelle, lorsque Frédéric-le-Grand conservoit la conquête de la Silésie à une époque où toutes les puissances de l'Europe se faisoient une maxime de ne souffrir aucun agrandissement?

Mais, pour entendre ces propositions d'équilibre, qu'ils commencent par mettre dans la balance leurs immenses conquêtes des extrémités de l'Asie et les vingt millions d'hommes qu'ils tiennent agenouillés sur les lois de leur fastueuse compagnie des Indes ; qu'ils apportent aussi dans la balance cette suprématie des mers, qui, libres pour tous les peuples, sont cependant tombées dans leur domaine exclusif; qu'ils y apportent encore tous ces traités de commerce qui les rendent les maîtres de tous les marchés de l'Europe et y étouffent la concurrence étrangère ; qu'ils raient de leur législation cet acte de navigation, produit d'abord par la république expirante de Cromwel, et consacré depuis par ce fantôme de monarchie qu'ils se sont donné. Alors, seulement alors, nous pourrons parler d'équilibre : jusque-là nous leur opposerons

3 *

aux yeux de la justice éternelle, cette grande fin de non recevoir politique qui écartera pour toujours leurs prétentions de contre-poids et d'équilibre.

Sans doute ils n'ont pas oublié qu'ils sont les principaux artisans de la dernière guerre du continent. Ils nous ont mis aux prises avec tous les peuples nos voisins; ils nous ont forcés à des victoires et à des conquêtes ; ils nous ont contraints au sacrifice d'une immense population et de toutes nos ressources ; et lorsque nous recevons pour prix de tant de dépenses, de tant de fatigues, de tant de sang répandu, quelques provinces que nous cèdent volontairement nos anciens ennemis, et pour lesquelles ils reçoivent d'autres équivalens que nous consentons dans nos traités, ils viendront nous troubler dans nos possessions légitimes, et parler encore d'équilibre, de compensation, de restitution! Ont-ils donc reçu mission des autres peuples pour remettre en question ce qui est consacré par le droit de la guerre et par des traités publics? Certes ce seroit aussi bien plutôt à l'Europe qu'ils ont exhérédé, à les ramener eux-mêmes à des idées d'équilibre, de justice et de politique.

Ce n'est donc plus ce système vermoulu de l'ancienne balance de l'Europe qui doit désormais occuper notre pensée. Il est brisé le moule politique dans lequel elle fondoit jadis ses traités. La scène a changé sur ce vaste théâtre des vicissitudes du monde. La politique ne peut donc plus être la même, et doit prendre une nouvelle direction. Celle des traités de paix de Lunéville et d'Amiens ne pouvoit pas ressem-

bler à celle des traités de Westphalie, de Nimègue,
de Riswick et d'Utrecht; car les nouveaux intérêts ont
exigé des changemens et des innovations qui ont dû
détruire les anciens. Le traité de Lunéville avoit
déja dérangé toutes les vieilles idées, qui reçurent
encore, lors du traité d'Amiens, les atteintes que
devoit y apporter la politique moderne; et c'est de
cette manière, et en y ajoutant les autres traités conclus naguères avec d'autres peuples, que l'ancien système d'équilibre a été renversé.

Cependant il faut observer que, si cet ancien équilibre a été rompu, c'est par le consentement libre
des puissances intéressées, que l'Angleterre seule n'a
pas le droit de critiquer. D'ailleurs, toutes ces puissances ont reçu des équivalens proportionnés aux sacrifices commandés par les conjonctures actuelles. S'il
est plus vrai encore que cet équilibre ait été dérangé,
c'est totalement en faveur des Anglais; et la cession
des îles de Ceylan et de la Trinité, que les alliés de
la France, la Hollande et l'Espagne, leur ont consenties, auroit dû certainement nous mettre à l'abri de
tout reproche quant à quelques acquisitions territoriales consenties volontairement par les peuples et
acceptées par nous.

D'ailleurs, si les poids de cette nouvelle balance
qu'ont amenée les grands événemens de la dernière
guerre ne pouvoient point satisfaire l'ambition anglaise, quel inconvénient y avoit-il donc, pour le
maintien de cette paix si desirée et voulue par tous,
de suivre le même système politique qu'adoptèrent les

diverses puissances de l'Europe après la paix d'Aix-la-Chapelle de 1748? Alors, et pour la première fois, et par esprit de concorde et de paix, l'Europe se divisa en deux grands partis, qui maintinrent un équilibre tel, que, s'il eût toujours existé, on n'eût plus vu de sujet raisonnable de guerre en Europe.

De notre nouveau système il en résultera sans doute de nouvelles liaisons, de nouvelles alliances et de nouveaux intérêts; et puisque tant il faut une balance, que l'Angleterre se persuade bien qu'elle doit être établie sur ce qui existe d'après les nouveaux traités de paix, et non sur ce qui devroit exister d'après ses systèmes et ses caprices; car l'Europe ne peut plus avoir ni l'intérêt ni la volonté de reprendre les armes pour le renouvellement d'un ancien équilibre qui ne peut plus exister.

Mais cette balance, cet équilibre, ce contre-poids, et tous ces grands mots inconnus à la politique ancienne, que notre politique moderne a adoptés, et auxquels, au demeurant, je porte le plus grand respect, signifient-ils donc que tous les peuples ne puissent avoir ni plus d'étendue de territoire, ni plus de population, ni plus de forces de terre et de mer, et qu'ils ne puissent jamais ni s'agrandir ni diminuer? Mais ce seroit, il semble, se faire une très-fausse idée; car si la question en étoit là, elle seroit bientôt décidée par le fait, puisqu'il n'a jamais existé ni pu exister un pareil équilibre dans les nations, pas plus qu'il n'existe dans chaque corps d'état un équilibre de fortune parmi les particuliers.

Les lois particulières des nations ont bien pu établir par-tout l'égalité des droits devant la loi, mais non celle des personnes et des propriétés. La loi domestique protège les mutations des fortunes des particuliers, soit dans leur agrandissement, soit dans leur abaissement. De même, le droit public, fondé sur des traités qui sont la loi des peuples entre eux, dès qu'il a consacré les mutations politiques qu'amènent les événemens, protège chaque nation dans l'exercice des droits qui lui sont accordés par les traités ; et depuis les plus grands états jusqu'aux plus petits, tous sont également placés sous cette auguste protection.

Ce n'est donc pas rompre l'équilibre que de conserver des conquêtes consenties par les traités ; il seroit plus vrai de dire que ce seroit le consacrer. C'est alors à la puissance qui perd et s'affoiblit à retrouver dans des alliances protectrices ce qu'elle croit convenable à son repos et à sa sûreté, et refondre par ce moyen un nouvel équilibre ; car rien ne paroît devoir s'opposer à cette mesure.

Ce n'est qu'ainsi qu'on peut expliquer ces mots généraux de balance, d'équilibre, de contre-poids. Car, je le répète, certainement on n'a jamais entendu par-là que tous les peuples fussent égaux en étendue de territoire, en population, en richesses et en forces : rien ne seroit plus chimérique qu'une pareille prétention ; et pour qu'elle pût avoir lieu, il faudroit une chose impossible ; c'est que les mêmes mœurs, les mêmes lois, le même caractère, le même climat, la même masse de talens, de vertus, de passions et d'intérêts, que tout fût égal et uniforme chez tous les peuples, ce qui ne s'est pas encore vu et ne se verra jamais; et depuis le traité de Westphalie, qui le premier en Europe a servi de base à tous les traités qui l'ont suivi, jusqu'à ceux qui ont été conclus de nos jours, il n'en est aucun sans exception qui n'ait amené la ruine de ce système d'équilibre qui a toujours été bien moins dans le fait que dans la tête des publicistes et des hommes d'état.

C'est après avoir invoqué toutes ces anciennes idées de contre-poids et de balance, que l'Angleterre, pour détourner les yeux de l'Europe de sa propre ambition dont les monumens sont par-tout, vient encore signaler, et accuse celle de la France et de son chef, le digne émule de César et de Charlemagne.

Certes, l'accusation n'est pas nouvelle. Eh! qui vous nié que ce grand homme ne soit ambitieux? Oui, sans doute, il est ambitieux; mais de cette ambition formée par l'amour dévorant du bien public et du bonheur des peuples; de cette noble et généreuse ambition qui maintient l'heureuse harmonie avec nos voisins et nos alliés, la sûreté des personnes et des propriétés parmi nous; de cette ambition de vertu et de gloire qui lui a conquis tous les cœurs, lui a ouvert nos trésors, et lui a gagné l'amour et l'estime des étrangers. Il est ambitieux sans doute, mais c'est pour relever nos autels, pour nous rendre le bienfait ineffable d'une législation régulière et uniforme dans toutes les parties qui fondent l'ordre social, pour soulager nos maux et nos misères, pour cicatriser les blessures immenses que

nous a faites votre propre ambition ; oui, sans doute,
il sera toujours ambitieux de conserver tous les senti‑
mens d'amour et de respect qui lui sont à jamais acquis,
comme cette grande considération que lui accordent
les peuples nos voisins qui voient en lui l'honorable
appui de tous les gouvernemens, le noble médiateur
de leurs querelles, et l'arbitre des traités qui fondent
un ordre éternel dans le Corps germanique. Ajoutez
encore à toute son ambition celle de vous rendre, avec
la France entière, l'amitié et l'estime qui vous seront
dus lorsque vous mettrez bas les armes, e t que vous
nous offrirez cette fraternité que nous nous empresse‑
rons d'accueillir et de cultiver.

La voilà tout entière et dans son grand jour l'am‑
bition de ce héros magnanime, tour à tour législateur
et guerrier, que l'Eternel, dans sa munificence et dans
sa faveur, nous a donné pour nous gouverner. Faites‑
la juger par un jury européen ; qu'il mette la vôtre
en parallèle, et qu'il prononce dans quel des deux
inventaires l'ambition a des torts à se reprocher.

QUATRIÈME SECTION.

Tous ces motifs de guerre n'étant pas mieux fondés
que la cause qui l'a produite, n'y auroit-il donc aucun
moyen de s'entendre et de faire cesser tous les ressen‑
timens, toutes les défiances, toutes les jalousies? Si
le but de toute guerre est d'obtenir la paix, pourquoi

n'apporterions-nous pas de part et d'autre sur son autel sacré tout ce qui peut préparer un événement si desirable ?

Le monde entier est témoin de tout ce que la France a fait pour conserver la bonne harmonie et éviter la rupture. L'Angleterre, de son côté, voudra-t-elle toujours nous placer dans la pénible nécessité de ne chercher notre sûreté que dans sa perte ? N'a-t-elle pas, dans son industrie et dans son commerce répandus dans les deux hémisphères, de quoi occuper et employer utilement son ambition ?

A ce nom de paix se rattachent toutes les idées de prospérité, d'abondance et même de gloire, puisqu'elle est inséparable de la justice. S'il est vrai que tous les hommes sont frères, et que le genre humain n'est qu'une grande famille, pourquoi s'entre-déchirer et confier à la capricieuse fortune le sort du bonheur des nations ? L'humanité est-elle donc une vertu si difficile ? La bonne foi auroit-elle cessé d'être le lien de la société et de la confiance publique ? Les peuples ne doivent-ils plus de respect à la foi des sermens que lorsqu'ils n'ont plus d'intérêt à ne pas les violer ? Le méprisable avantage du parjure doit-il l'emporter sur la considération et l'estime générales ? Quant à nous, nous préférons la paix à la victoire la plus décisive. Mais comme nous n'avons pris les armes que pour soutenir une guerre juste, nécessaire, inévitable, ce n'est que l'épée d'une main et la branche d'olivier de l'autre que la France peut entendre et discuter des propositions de paix.

En examinant les divers moyens d'arriver à ce résultat si desiré, je suis loin de vouloir m'immiscer dans les affaires du gouvernement. Je sais que celui qui nous gouverne est instruit mieux que personne de toutes les affaires de l'Europe , et qu'il n'ignore rien de tout ce qui peut regarder les intérêts respectifs des puissances; tout le monde connoît en effet cette abondance de ressources et d'expédiens que lui fournit son génie pour conduire à bon terme toutes les négociations qu'il voudra entamer. Mais je sais bien aussi que son ame généreuse ne peut point censurer le citoyen qui lui offre le tribut de sa pensée, non pour éclairer ses conceptions, mais pour les préparer et appeler son attention sur tout ce qui peut tendre à la tranquillité générale. Eût-il encore d'autres vues , il est beaucoup trop grand pour ne pas estimer l'ami sage et fidèle qui l'aimeroit assez pour avoir le courage de le contredire et de lui déplaire par les vérités fortes dont il se rendroit l'organe.

Il n'est aucune circonstance où la paix ne soit mûre, et d'ailleurs aucun motif raisonnable n'empêche de mêler la négociation à la guerre. Si nous parlons de paix, ce n'est pas seulement pour assurer le présent, mais encore pour consolider l'avenir, et couler, pour ainsi dire, en bronze le traité qui mettra fin à nos querelles. Si nous parlons de paix, c'est que les deux puissances ont un intérêt égal de la desirer, c'est que nous voulons épargner le sang des hommes, et que dans ces sentimens il n'y a aucune honte de la rechercher.

Anglais! ne prenez donc pas le change sur nos

dispositions. Si vos flottes menaçantes se promènent majestueusement sur toutes les mers, si vous vous présentez avec bravoure au combat, vous savez aussi que l'avant-garde de l'armée française, avec la foudre nationale, est encore dans le port et les camps de Boulogne, et la machine électrique qui doit faire tonner tous ses élemens, dans le courage de nos troupes et le génie de nos généraux. C'est au milieu de ces camps et de ces espérances de victoire, que nous ne craignons pas de parler de paix les premiers, et d'offrir cet auguste sacrifice à l'humanité éplorée. Sans doute on ne nous accusera pas de foiblesse avec cette attitude imposante; car nous sommes dans une position égale, soit pour continuer la guerre, soit pour signer un traité de paix. Et ne croyez pas qu'en vous refusant à cette honorable transaction, il vous faille attendre les événemens de quelque campagne pour faire valoir vos prétentions avec plus d'avantage et multiplier les difficultés; car si nous éprouvions des revers, c'est alors que la paix deviendroit plus difficile, et nous deviendrions plus fiers des disgraces de la fortune. Nous pouvons perdre des batailles, mais non nous avilir. Ce ne seroit qu'après avoir réparé nos échecs, après nous être vengés, que nous pourrions écouter des propositions pacifiques; et ce ne seroit que vaincus une fois et victorieux un autre que nous consentirions à la paix. Voilà nos maximes, ne vous y trompez pas; et, battus ou vainqueurs, vous nous trouverez toujours au même apogée de grandeur et de modération.

Il seroit ici infiniment déplacé de vouloir spécifier des articles de paix, soit dans le fond, soit dans la forme. Ce n'est que sur les principes généraux d'une pacification que j'établis ma discussion; et, dans une matière aussi importante, ce n'est pas trop du concours de toutes les lumières et de toutes les volontés pour parvenir à une si heureuse fin.

D'abord, ce n'est point par une trêve plus ou moins longue que nous terminerions nos différends : par ce moyen, nous ne ferions que les suspendre; et je ne vois pas pourquoi le même esprit qui nous conduiroit à une suspension d'armes, ne nous conduiroit pas aussi à nous faire desirer de terminer en définitif la querelle. Il y auroit une haute imprudence de notre côté à y consentir.

Cette suspension, en éloignant la paix, seroit pour nous plus dangereuse que la guerre même. Laisserions-nous encore ces nombreuses embarcations s'avarier et se pourrir dans nos ports, avec tous ces grands moyens de subsistance et de guerre qu'elles contiennent? Laisserions-nous sur pied tant de braves, ou bien, en les licenciant, pourrions-nous laisser endormir leur courage dans les délices de Capoue, pour remettre en question dans des circonstances peut-être moins favorables la décision dont tout nous présage le succès? Scipion est aux portes de Carthage, et rentreroit-il dans Rome sans avoir accompli ses destinées? Non, point de trêve, point de suspension d'armes; la paix, la paix définitive : ce vœu seul est conforme à notre intérêt et à notre gloire.

Je ne parle point non plus d'un armistice préalable; car il est impossible, quand on veut la fin,
de ne pas vouloir aussi les moyens. Il est la voie la
plus certaine pour favoriser toute conciliation; et
rien ne seroit plus incompatible que de vouloir sincèrement la paix et de se refuser à faire cesser tout
acte hostile. L'Angleterre ne peut donc ne pas accéder
à ce premier moyen, pour peu qu'elle soit animée du
désir de terminer la guerre.

De toutes les pacifications, la plus facile à faire,
c'est celle qui doit suivre la guerre actuelle. Rien ne
paroît moins susceptible de difficulté que de concilier les parties belligérantes et de ramener le rétablissement du repos et de la tranquillité générale.
Nous n'avons pas à débrouiller, comme dans les
traités de Lunéville et d'Amiens, tout ce chaos de
prétentions et d'intérêts que les puissances contractantes devoient nécessairement y apporter. Ici, au
contraire, l'intérêt de toutes les puissances est le
même, et il ne peut y avoir qu'une seule voix en
Europe pour desirer qu'il soit mis fin à nos débats.

Ainsi nulle complication d'intérêts; et il ne nous
sera pas difficile de trouver le véritable point de conciliation. Que personne ne veuille faire pencher la
balance de son côté, et nous trouverons que le traité
d'Amiens doit servir de base et de fondement à l'acte
à intervenir.

Je proclame donc hautement que la paix est dans
le traité même d'Amiens. Après être remonté à la
source des difficultés qui déja ont été applanies par

ses sages dispositions et qui de nouveau seront expli-
quées et résolues, il suffira de le renouveler purement et simplement, de le confirmer de nouveau pour
qu'il subsiste dans toute sa force et tous ses chefs,
et de le ramener ainsi à sa pleine et entière exécution.
Avec une bonne volonté de part et d'autre, il est impossible que la négociation puisse languir, que dis-je!
qu'elle ne fasse des progrès très-rapides; car ses principes généraux sont dans le traité déja fait.

Il ne s'agira donc plus que de convenir de quelques
mesures pour son exécution. Ce n'est plus un traité
à faire, c'est une simple convention à dresser; et en
n'embarrassant pas la négociation par des objets qui
seroient étrangers au traité déja conclu, nous aurons
le bonheur de la voir arriver à bon terme.

Puisque l'article X du traité est le seul qui ait été
en contestation, il faudra examiner quelles en sont
les dispositions, et démontrer qu'elles sont justes,
politiques, nécessaires, conformes à l'intérêt des deux
pays et des puissances maritimes qui commercent
dans le Levant. Personne en Europe n'est plus digne
de porter cette démonstration à sa dernière évidence,
que ce négociateur illustre qui a lui-même signé le
traité, dont le nom seul seroit le plus grand des
éloges, s'il ne présentoit aussi à l'univers le bel assem-
blage du talent, de la modestie, et de toutes les vertus
publiques et privées.

Il diroit aux Anglais que la foi des traités ne doit
plus être un jeu, que la convention future doit être
dégagée de tout moyen dilatoire, de toute réserve

secrette, de toute protestation mentale, de toute duplicité, de toute ambiguité dans les articles; que la bonne foi et la franchise doivent être le véritable sceau de ses stipulations; que d'ailleurs les traités fondés sur l'injustice ne peuvent avoir de durée, et que les temps enfin sont venus de rendre la politique au bonheur des peuples, et de l'arracher aux passions des souverains.

Il leur diroit que le sort de Malte est déja fixé dans le traité; qu'il ne peut ni ne doit leur appartenir; que si nous étions encore à l'époque où le traité fut conclu, l'intérêt comme la dignité de la France seroient de ne conclure la paix qu'à ce prix; qu'à côté de notre intérêt se trouve celui de l'Europe, et plus éminemment celui du Grand-Seigneur et de l'Autriche, qui, voyant cette position dans leurs mains, pourroient avoir des appréhensions continuelles pour leur commerce, et y trouver à chaque instant l'occasion de renouveler des motifs de mécontentement.

Il leur diroit que pour asseoir la paix sur de solides fondemens, il est de toute nécessité, non de renoncer à Malte, car pour y renoncer il faut y avoir des droits, mais de se désister purement et simplement de toutes leurs prétentions, et de faire accompagner ce désistement de toutes les formes les plus authentiques et les plus solennelles pour rendre un acte obligatoire. Il leur feroit ensuite toutes les propositions que la France, toujours grande, toujours généreuse, croiroit devoir faire pour arriver plus promptement à la paix; et il n'est aucun Français qui ne s'estimât honoré de se porter pour otage, non seulement de la convention, mais aussi de toutes les paroles que ce grand négociateur auroit données au nom de son pays.

Ah! si l'Angleterre veut aussi sincèrement la paix que faussement elle affectoit de la desirer encore dans ce simulacre de négociation qui a précédé la rupture, que ne se rapproche-t-elle de nous! que n'apprend-elle à apprécier nos vues pacifiques et la loyauté de nos intentions! Que ses ministres, ses orateurs, pour aborder ce grand œuvre, ne craignent donc plus de se rendre moins nécessaires, ou que leur crédit en soit diminué; qu'ils abjurent cette détestable politique, qui plus d'une fois leur a dit d'éviter de rien conclure, sans que cependant on puisse leur reprocher d'avoir perpétué la guerre : car avec cette duplicité ils croient être habiles, et ils ne sont que perfides et traîtres à leur pays. O sort malheureux des sociétés, que celui qui tient aux calculs de quelques ambitieux qui, pour faire leur fortune ou pour conserver cette faveur si fugitive des cours, compromettent les trésors des nations et l'existence d'un million de braves!

Vainement je cherche les raisons qui pourroient encore éloigner le rétablissement de l'harmonie. La France ne s'est-elle pas conduite à l'égard des autres peuples comme elle souhaite qu'ils se conduisent à son égard? A-t-elle fait sur le continent des alliances qui doivent éveiller la jalousie de l'Angleterre? N'a-t-elle connu d'autre loi que son intérêt, et a-t-elle émancipé la foi des traités? S'est-elle refusée à entretenir entre les deux peuples les liaisons d'amitié et

4

de bon voisinage, et à donner toutes les garanties politiques qui pouvoient prévenir la rupture? A-t-elle élevé des prétentions sur les immenses établissemens de commerce que les Anglais occupent sur le globe? A-t-elle porté atteinte à leur indépendance, et s'est-elle permis le plus petit acte d'hostilité avant la déclaration de guerre? N'a-t-elle pas enfin des compensations et des équivalens à offrir? Et le *status ante bellum* est-il donc si difficile à rétablir?

La France tient le livre de sa politique ouvert à tous les yeux de l'Europe. Elle est encore aujourd'hui ce qu'elle étoit lors de la conclusion de la paix générale. Riche de toute sa renommée, de toutes ses productions territoriales et industrielles, elle a pu se suffire à elle-même, et compte cependant autant d'amis et d'alliés qu'elle a de voisins. Ses alliances ont été commandées par la position naturelle des peuples qui l'avoisinent, mais jamais forcées par son influence ou l'ascendant de son pouvoir. Son intérêt est dans la foi des traités, et elle les observe religieusement. Elle a tout fait pour empêcher une rupture qui ne pouvoit qu'être nuisible aux deux nations; elle s'est laissé prendre au dépourvu lors de la déclaration de guerre; elle a respecté l'indépendance de tous les gouvernemens, et n'a pas songé un seul instant à troubler l'Angleterre dans ses grandes possessions d'outre-mer; enfin elle a déclaré solennellement qu'il ne pouvoit être ni dans sa pensée ni dans son intérêt de conserver cet électorat de Hanovre, qu'elle regarde bien moins comme une conquête que comme un gage de paix et un moyen de compensation à toutes les restitutions que nous avons le droit d'espérer.

Avec une politique aussi franche, aussi loyale, et soutenue par des armées qui ne combattent que pour la paix, sans doute elle peut se livrer à l'espoir que toutes choses doivent être remises dans l'état où elles étoient avant la guerre.

Mais, pour masquer sa propre ambition, l'Angleterre viendra-t-elle encore nous occuper des intérêts de la maison de Savoie? D'où viendroit aujourd'hui cette sollicitude si peu prématurée pour cette famille royale? Il n'en a été question qu'un instant dans les conférences des préliminaires, et l'instant d'après elle a elle-même abandonné ses intérêts. Depuis, les peuples ont demandé librement et volontairement leur réunion à la France, et à vivre sous nos lois. Y a-t-il rien là qui ressemble à de l'usurpation? Et lorsque ces peuples nous demandoient des lois et notre appui, quel motif apporter au refus que nous leur en aurions fait? D'ailleurs, le prince régnant a abdiqué formellement ses Etats du continent par l'acte libre et authentique de sa démission et de sa renonciation. Il n'y a eu depuis ni protestation ni revendication; et conséquemment, d'après tous les principes, la prescription seroit bien acquise, si cette maison n'avoit en outre proclamé sa renonciation absolue.

La France a donc pu, bien moins dans son intérêt et dans ses convenances que dans ceux des peuples piémontais, consentir à la réunion de ces provinces; et toutes les difficultés qui s'élèveroient à cet égard portent avec elle leur réponse péremptoire, d'abord dans la renonciation la plus formelle et la plus libre du souverain, et puis dans la demande positive du peuple.

Ecartons pour toujours ce sujet de discussion, comme d'ailleurs contraire à l'indépendance des nations et aux principes immuables, qui donnent à tous les hommes vivant en société le droit de choisir tel régime qui leur convient pour le gouvernement de leur patrie.

Cependant, encore qu'il ne m'appartienne pas de sonder les secrets des cabinets, ne me seroit-il pas permis de conjecturer que non seulement la France ne s'opposeroit point aux indemnités qui pourroient être proposées par la suite, mais même qu'elle ne dédaigneroit pas d'employer, s'il le falloit, ses bons offices pour ménager quelques avantages à la maison de Savoie, en tant néanmoins qu'ils seroient compatibles avec l'honneur et la dignité de toutes les puissances, et en harmonie avec le nouveau système politique de l'Europe.

Ainsi, comme il n'existe aucun véritable sujet de guerre, que ce n'est que faute de s'entendre que de grands armemens ont été faits de part et d'autre pour soutenir une querelle sans objet légitime, qu'il existe un intérêt pressant de la terminer, que la paix est le besoin des peuples, et qu'il ne se présente de condition ni dure ni humiliante pour les deux parties, pourquoi ne pas travailler de suite à ce consolant ouvrage, qui jamais ne fut plus facile par la simplicité des moyens qui s'offrent pour y parvenir?

En résumé, que tout le passé soit oublié ; le traité d'Amiens ramené à son exécution ; la restitution de Malte à l'ordre de Saint-Jean, et sa neutralité ; la restitution de l'électorat de Hanovre à l'Angleterre ; celle encore de tous les vaisseaux de commerce pris avant la déclaration de guerre ; la remise des prisonniers de part et d'autre ; le *status ante bellum* dans la Méditerranée, en Amérique et dans l'Inde ; une simple convention basée sur le traité préexistant pour en assurer l'exécution.

Que non seulement les contractans s'obligent de maintenir tous et chacun des articles de la convention, mais encore qu'avec l'accession des puissances alliées les puissances amies soient invitées d'y mettre le sceau de leur noble garantie ; en sorte que, s'il s'élevoit par la suite quelques difficultés sur l'interprétation de ses stipulations, toutes s'engagent à interposer leur médiation ou leur arbitrage pour faire un accommodement par des voies amiables, pour assurer les intérêts réciproques et éteindre tous les motifs de guerre.

Qu'il me soit permis encore d'émettre le vœu qu'ils soient écartés rigoureusement, ces articles secrets, dont l'usage également opposé aux règles d'une politique libérale et aux principes du droit des gens, ne tend qu'à verser et introduire la fraude et la mauvaise foi dans les engagemens qui doivent fonder la tranquillité commune.

Tel est le vœu de l'humanité, tel est celui de la

politique et de tous les intérêts réunis. Sans doute il
seroit à desirer qu'à toutes ces stipulations se joignis-
sent aussi celles d'un traité de commerce et de navigation, de manière que le commerce ne soit plus
précaire, et qu'en retrouvant toute la faveur et toute
la liberté dont il doit jouir, les avantages réciproques des deux pays soient assurés. On n'aperçoit pas
les raisons qui voudroient séparer les dispositions re-
latives au commerce de celles de la convention à intervenir.

Depuis que le commerce est devenu le lien des nations, depuis qu'il embrasse tant de rapports et d'intérêts, que conséquemment les difficultés qui peuvent
s'élever dans ses relations peuvent si facilement pro-
duire des sujets de division, pourquoi ne pas établir
à côté des articles qui donnent la paix ceux qui doivent la maintenir ou prévenir la guerre parmi les
peuples commerçans? Rien, au reste, ne peut s'opposer à ce que, suivant les usages reçus, les articles
de la convention relatifs à cet objet ne fussent établis
que pour un temps limité, en se réservant d'y faire
les changemens convenables que doivent amener les
temps et les circonstances dans l'intérêt des sujets
respectifs.

Sans doute il seroit encore desirable que toutes les
puissances maritimes voulussent établir pour base de
leurs traités de commerce et de navigation qu'il ne
seroit plus fait d'armement en course, et qu'aucun
objet de commerce extérieur ne seroit prohibé en cas
de rupture, en exceptant néanmoins tout ce qui pour-

roit favoriser les moyens de guerre entre les parties belligérantes. Pour le maintien de cette belle stipulation qui ameneroit la généreuse suppression de tout système de piraterie, il faudroit que l'Europe consentît à voir s'élever dans son sein, et chez les puissances neutres, un tribunal suprême qui jugeroit les infractions qui y seroient faites, et que, d'un commun accord, elles portassent respect inviolable à tous ses jugemens.

Mais puisqu'un pareil vœu ne pourroit qu'être impraticable, d'après le système de guerre généralement suivi, il faudroit du moins que, dans la convention future, on donnât d'abord force de loi à quelques articles importans de presque tous les traités de commerce connus en Europe, et qu'on y ajoutât ensuite des dispositions qui jusqu'ici ont été trop méconnues ; c'est qu'indépendamment des priviléges et des avantages qui s'accordent aux nations les plus favorisées, il fût spécialement et irrévocablement stipulé deux choses en cas de rupture : la première, que les sujets respectifs auront un terme établi pour se retirer avec leurs effets où bon leur semblera, passé cette époque confiscation jusqu'à la paix ; la seconde comme devant faire désormais partie du droit des gens, et pour être pratiquée en temps de guerre, que tous les vaisseaux de commerce, en mer ou dans les ports, ne pourront être pris et capturés qu'après une époque déterminée, après la rupture ; et que, dans aucun cas, on ne pourra, non seulement ne pas mettre la main sur ceux qui seroient dans les ports respectifs, mais qu'ils auront au contraire pleine liberté et sauvegarde pour se retirer pendant l'intervalle qui sera accordé pour cette faculté.

Il seroit superflu et évidemment trop long de discuter et d'approfondir les motifs sur lesquels s'appuient toutes ces dispositions qui ont été beaucoup trop négligées dans le traité de M. de Vergennes en 1786. Mais les esprits éclairés aperçoivent de suite tout ce qu'elles peuvent contenir de faveur réciproque pour les puissances en guerre. Je ne fais que les indiquer et les signaler en masse aux plénipotentiaires qui seront chargés de cet œuvre important, pour en faire un objet de négociation et préparer par ce moyen quelque adoucissement au fléau déja si terrible de la guerre.

Voici la tâche que je m'étois imposée, remplie. Il n'est personne qui dans le développement des questions si pleines d'intérêt que j'ai examinées, n'eût apporté plus de talens, de lumières, de sagacité et de discernement; mais aucun n'eût été animé de vues plus pures ni de meilleures intentions.

Je crois avoir suffisamment établi que les circonstances qui ont précédé la guerre actuelle accusent le gouvernement britannique; que la cause qui lui a fait prendre les armes est indigne de sa gloire, et opposée aux intérêts de l'Europe; que les calculs sur lesquels reposent ses motifs secrets tombent à faux; j'ai esquissé les moyens de paix qui se présentent pour désarmer son ambition et rétablir la tranquillité générale.

Puissent ces épanchemens de l'humanité retentir jusque dans son parlement, ses armées et ses flottes!

Puissent tous les Anglais concentrer dans leur opinion commune cette vérité éternelle, que le grand manuel des politiques est bien moins dans la diplomatie et ses transactions, que dans la bonne foi, dans la justice, dans la modération, et dans toutes ces vertus morales, plus sûres que tous les otages, plus sincères que tous les protocoles, et que le souverain arbitre de l'univers a réparties également dans le cœur des hommes de tous les temps et de tous les pays.

FIN.

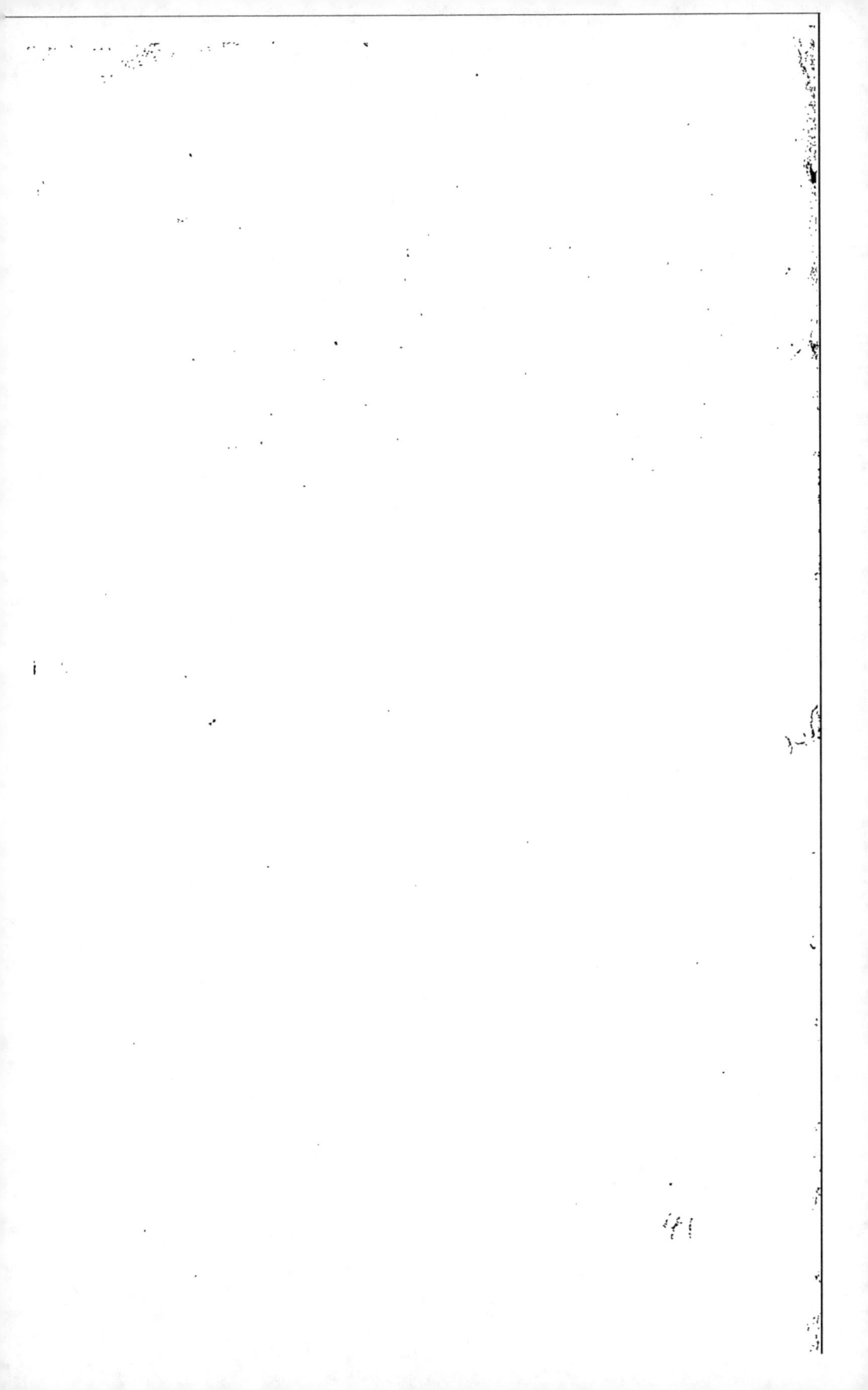

www.ingramcontent.com/pod-product-compliance
Lightning Source LLC
LaVergne TN
LVHW020048090426
835510LV00040B/1470